U0452750

孩子，你是在为自己努力

不会交朋友怎么办

黄莹 何一月 编

科学普及出版社

·北京·

图书在版编目（CIP）数据

孩子，你是在为自己努力. 不会交朋友怎么办 / 黄莹，何一月编. -- 北京：科学普及出版社，2023.6（2023.7重印）
ISBN 978-7-110-10619-8

Ⅰ.①孩… Ⅱ.①黄…②何… Ⅲ.①心理健康—健康教育—小学—教学参考资料 Ⅳ.①G444

中国国家版本馆CIP数据核字（2023）第084626号

目录

表达篇

- 不会聊天，害怕尴尬怎么办……………… 02
- 说话不小心伤害到别人……………… 06
- 不知道怎么回应别人的热情……………… 10
- 不会恰当地表达情绪……………… 14
- 有话总是憋在肚子里……………… 18

勇气篇

- 害怕参加集体活动……………… 24
- 与人交往时，总是局促不安……………… 28
- 胆小腼腆，不知如何融入新环境……………… 32

人际篇

- 被个别小朋友讨厌……………………… 38
- 感觉自己被欺负了……………………… 42
- 和小伙伴闹别扭了，不知道该怎么办…… 46

友谊篇

- 性格慢热，不会结交新朋友……………… 52
- 不想和小伙伴分享玩具…………………… 56
- 最好的朋友和别人玩得很好……………… 60
- 该怎样选择朋友才好呢…………………… 64

游戏篇

- 想加入游戏怕被拒绝,不敢上前……………… 70
- 玩闹中,不小心伤到了其他小朋友……………… 74
- 做游戏反应慢,小朋友不想和我一组……………… 78
- 有人玩跳绳时耍赖,该不该制止……………… 82

表达篇

NO.1 不会聊天，害怕尴尬怎么办

小朋友说

我平时不爱说话，是个安静害羞的小学生。同学谈笑风生时，我常躲在角落里一言不发。每次单独和别人在一起，都感觉好尴尬，不知该说什么好。有时别人问一句，我简短地答一句，气氛始终处于冷场状态，觉得自己好被动。其实，我也想变得像别人那样健谈，可是实在不会聊天，该怎么办才好？

心理疏导

人与人之间的交流贵在真诚，而不在技巧。你不会聊天，不能自如地表达自己，不是因为不会说话，而是因为考虑太多，担心自己言辞不当，让对方产生不好的想法，所以总是把谈话的主动权交给别人，自己被动回应。试着放松自己，别想太多，真诚地和对方交流，真实地表达自己，慢慢地，你会发现聊天并没有那么难。

不良心理反应

> 我该说什么好呢？说了不该说的，惹别人生气怎么办？

> 说错话多尴尬啊，我还不如紧闭嘴巴听别人说。

> 我天生不爱说话，就不改了吧。

积极心理暗示

01 我太在乎别人的反应了，放轻松些，也许我也能打开话匣子。

02 谁都有可能说错话，偶尔说错话，别人是不会怪我的。

03 我确实不健谈，但只要调整好心态，还是可以和别人正常交流的。

行动指南

1. 用提问的方式打开局面

不知道怎样打破沉默,就问一些对方可能感兴趣的话题,用一系列疑问句展开对话。对方回答完问题,说说自己的感受和看法,让双方在一问一答中实现交流互动。注意,不能连珠炮似地发问,最初抛出的问题最好不要超过三个,对方若对你的问题不感兴趣,要及时转移话题,不要打破砂锅问到底。

2. 倾听也很重要

问问题只是交谈的第一步,学会倾听才能保证交流顺畅。对话开启以后,要以倾听的姿态认真聆听对方讲话,别人说话时别插话,等对方全部说完,再提自己的观点。聊天时,要对对方的话题表示感兴趣和好奇,鼓励对方说下去,让对方感受到你的真诚和热情。

3. 不要多想,勇敢表达

轻松愉快的聊天,才能沟通感情。想太多,容易放不开自己,会使气氛变僵,影响彼此的心情。因此,聊天时不要多想,随意一些。对方比你健谈,可以顺着对方的话题往下说,时不时抛出自己的观点,勇敢说出自己的想法。对方看到了你的真性情,往往会觉得你可交,根本不会计较你在细枝末节上的失误。表现出活泼开朗的一面,别人就不会觉得你难以亲近,以后会更加乐意接近你。

心理学小课堂

　　聊天的关键在于情感共鸣。那么什么是情感共鸣呢？心理学上的定义是，一个人谈话中表露的情感，激起另一个人相同的感受，从而形成一种默契的共振。也就是说，只要你抛出的话题能调动起别人的情绪，使对方的看法和理解与你保持一致，你们就会越聊越投机，尴尬冷场的情况也就不会出现了。

　　总之，聊天不是为了展示自己，而是为了互相增进了解。只有找到双方都感兴趣的话题，让对方在情绪上与自己产生共鸣，你们才能成为无话不谈的好朋友。有的人认为聊天只是无聊时的闲谈，其实不是这样，它是一种良性沟通，是社交中关键的一环。认真对待每一次聊天，可以收获珍贵的友谊。

NO.2 说话不小心伤害到别人

小朋友说

最近，同学们都迷上了纸飞机，我也不例外，课间用硬纸折了好几架纸飞机。我把折好的一架纸飞机放到嘴边一吹，然后使劲扔了出去，没想到恰好撞到了一名同学的脑门上。那位同学很生气，说了一些责怪我的话，我也气不打一处来，高傲地讽刺道："不就是被纸飞机碰了一下脑门吗？有什么大不了的。"她听完，当场气哭了。我很后悔，觉得自己伤害了她，可是不知道该怎么弥补。

心理疏导

小朋友，你无意间说了伤害同学的话，心里一定很后悔，看到同学难过，自己也会很不好受。最好的解决办法就是马上跟同学道歉。虽然你无心伤害她，只是在气头上说了不该说的话，但已经强烈刺激到了她的情绪，给她的心灵造成了伤害，所以无论如何，不能当这件事没有发生，道歉是很有必要的。

不良心理反应

- 我说错了话，但又不是故意的，对方不该责怪我。
- 说错一句话而已，没这么严重吧。
- 我知道自己做错了，但就是放不下面子道歉。

积极心理暗示

01 不管是不是故意的，我确实说了不好听的话，理应给人家赔不是。

02 我是大孩子了，应该对自己的一言一行负责。

03 如果不及时道歉，我会一直记着这件事，并为自己感到羞愧。

行动指南

1. 勇于道歉，及时弥补

不小心说了伤人的话，惹怒了对方，要勇于道歉。诚恳地告诉对方你是无心的，完全没有恶意，正在为自己说过的话感到懊悔。由衷的道歉不仅可以消除积怨，还能修补破裂的友谊。当然，只是一句"对不起"还未必能挽回你们的友情，道过歉后，还需要改正自己的错误，及时弥补，这样才能获得对方的谅解。

2. 懂得共情，心存友善

与人相处，要懂得考虑别人的感受，不能以自我为中心。想说什么就说什么，很有可能伤害他人的感情。表达自己的观点时，要充分考虑听者的感受，不能只图一时嘴快。怀着一颗友善的心对待别人，懂得设身处地地为他人着想，就不会说出伤人的话了。在情绪糟糕时，尽量不开口说话，等平静下来后再与人交谈。

3. 说话前思考一下

如果你经常说话不经大脑，说错话，那么可以尝试在说话前先思考一下。特别是心情不好的时候，千万不要随意贬低和指责别人。开口讲话前，先整理一下思路，把可能伤害到别人的话事先过滤掉，将所有具有攻击性的词汇去掉，然后再与对方交流沟通。

心理学小课堂

通常情况下，人们不会意识到语言的杀伤力，更不会把它和暴力联系起来，但伤人的言论确实会给别人带来莫大的痛苦。很多人说话没分寸，说了伤害别人的话却不自知，结果成了讨人厌的人。想要改变这种情况，就要有意识地提高自己的情商，学会体察别人的情绪，学会换位思考，从源头上控制住伤人的言论。

说话无意识伤人，简单来说，是情商不高的表现。有些人过于简单直接，没有体察别人情绪的能力，表达比较随意，甚至有点口无遮拦，不知不觉中便戳到了别人的痛处。只要学会设身处地为他人着想，了解和分析他人的情绪，出口伤人的事情就不会发生了。

NO.3
不知道怎么回应别人的热情

小朋友说

我是个木讷的人，一向不太懂得怎样和人打交道。每次同学主动和我说话，表现得过于热情，我都会感觉有点不自在，不知道该如何回应。害怕自己不冷不热，被人说冷漠，又怕热情过度，招人反感。对方越健谈，我越紧张，总是有一搭没一搭地接话，很怕聊不下去，扰了别人的兴致。有时候真想赶快离开，可是因为顾及对方的感受，只能被动地留在原地。唉，该怎么办才好呢？

心理疏导

同学对你热情，说明十分关注你、欣赏你，你不必有心理负担，正常回应就好。其实别人不会对你有太高的要求，你像平常那样自如表达，让自己放松下来，别人感觉舒服，谈话自然会进行下去。只要你言语得体，没有表现得太过冷漠，没有对别人爱搭不理，就不会破坏别人的好心情。

不良心理反应

别人这么热情，我如果不表现得更热情，别人肯定会不高兴的。	我要是表现不好，对方可能不会再理我了。	他这么主动热情，真怕说错一句话，坏了他的兴致。

积极心理暗示

01 热情开朗的人不会那么小气，我没必要想太多。

02 我正常回应就好，真诚最重要。

03 积极的沟通，可以帮我成为一个更乐观向上的人。

行动指南

❶ 我值得被关注和喜爱

面对别人的热情,不知道如何回应,这主要是因为你对自己不够自信,觉得自己不值得被关注,一旦受到热情的对待,就有点受宠若惊的感觉,生怕对不起人家的好意。其实,你不该这样看轻自己。别人对你热情主动,愿意和你搭讪,一定是被你身上的某些特质吸引了,既然你有被人喜爱的一面,勇敢做自己便好,不用耗费心力改变自己。

❷ 积极回应,注意分寸

接到别人热情友好的信号,要做到积极回应,注意分寸。迟迟不回应,会给人以孤傲冰冷的感觉,让人觉得不好相处;回应热情过度,又可能显得虚假。所以,回应别人的时候尽量自然一些,积极又不失分寸,不刻意殷勤,轻松应对就可以。

❸ 纠正不合理假设

你恐惧热情,是基于一些不合理的假设和猜想,比如必须做出恰当的回应,否则别人会生气,或者自己会被冷落。然而这些猜想大都不是事实。其实,别人未必那么看重你的回应,只要你没有过分的言语和过激的行为,别人就不会对你的表现不满意。别把对方想象得那么狭隘,别把自己想象得那么笨拙,别把后果想象得那么严重,别人对你好,同样报之以友善就可以了,没必要患得患失。

心理学小课堂

　　心理学家认为，对别人的热情关心感到不适和紧张，是热情恐惧症在作祟。热情恐惧症指的是对别人主动的关心和安慰感到紧张和害怕，这种现象在人际交往中是比较常见的。有些人非常在意别人的看法，觉得自己回应不得当，就会遭到对方厌弃，因此在回应时面临很大压力。事实上，处理这种情况并不复杂，坦诚地表达自己便好。你不必刻意调整自己的表达方式迎合对方，面对别人的热情，适度释放一些善意，让对方感觉到你的诚意便可。

　　如果你实在不知道如何回应，别人确实因此表露出不快，不妨直接告诉对方，你很渴望和对方交流，很高兴被对方看重，可是自己天生比较害羞，不知道如何表达情感，希望对方能理解。一般情况下，别人都会理解你的，你不需要表现得尽善尽美，一样可以凭真诚获得别人的理解和好感。

NO.4

不会恰当地表达情绪

小朋友说

今天我和妈妈吵架了。早上，妈妈要带我到儿童乐园游玩，我本来挺高兴的，可是头发乱糟糟的怎么也梳不好，于是内心很急躁，妈妈又说我磨蹭，我便气得把梳子摔在了地上，哪儿也不想去了。晚上妈妈语重心长地对我说："有情绪要恰当地表达出来，事情都是可以解决的。"我感到很后悔和内疚。

心理疏导

成年人有喜怒哀乐，小孩子也一样。感觉受委屈或者生气了，最好把不好的感受说出来。闷在心里自己难受，别人也摸不着头脑，不知道你为什么闹情绪。情绪需要有一个发泄的出口，倾诉是最简单有效的发泄方式。只有把负面感受倾吐出去，心里的负能量才能得到排解，否则负面情绪像垃圾一样越积越多，时间久了就难以清理了。

不良心理反应

- 我不高兴，就想直接甩脸色摔东西，什么也不想说。
- 我的喜怒哀乐都呈现在脸上，没必要再用言语表达了。
- 我生气时就是控制不了自己的言行。

积极心理暗示

01 我甩脸色摔东西，别人知道我生气了，却不知道我为什么生气，我必须说明白。

02 生气发怒并不能解决问题，我应该平静地陈述问题并寻找解决的方法。

03 我有时会情绪化，情绪激动时说不明白，等到心情平静下来再去表达更合适。

行动指南

① 说明情绪背后的原因

表达情绪时,你不要只说:"我生气了""我很不高兴""烦死了",而要向别人说明情绪背后的真正原因。也就是说,你要告诉对方,你为什么生气,是别人的哪些不中听的话伤害到了你,还是别人的某些做法让你感觉被冒犯。说清原因之后,再适度表达你对对方的期望,比如你希望别人别再说某些打击你的话,或者不再重复某些让你感到不适的行为。

② 大胆说出自己的感受

任何人都会有情绪的起伏,因为人是一种有情感的生命。所以,有什么感受,不妨大胆说出来,不要有什么顾虑。不要压抑自己的情绪和感受,也别为了讨好他人而伪装自己,把你的真实感受如实地告诉对方,对方才能了解并理解你。这样做也有利于拉近彼此的距离。

③ 定期写情绪日记

直截了当地表达不满,可能会破坏彼此的关系。但什么都不说,负面情绪得不到疏通,自己的心情无法快速转好。在这种情况下,可以考虑写情绪日记,把自己的感受写下来,让坏情绪、坏念头在文字中得到充分沉淀,等到心情豁然开朗了,再向别人适当表达自己的情绪。

心理学小课堂

　　心理学家认为情绪没有好坏之分，负面情绪也有积极意义，任何一种情绪都不是凭空产生的，它们的存在往往能真实地反映人的心理状态。不过，人们对负面情绪始终存有偏见，在表达负面情绪时存在很大障碍，儿童尤其如此。

　　有的孩子不擅长表达情绪，总把负面的感受埋藏在心里；有的孩子习惯用破坏性行动，诸如摔东西、跺脚等行为将负面情绪发泄出来；有的孩子因为表达失当，受到大人的呵斥，从此再也不敢表达真实的情绪。你属于哪一种情况呢？不管怎样，首先你要学会接纳自己的负面情绪；其次你要想办法和家长沟通，让大人知道你的感受和想法；最后用较为科学的方法把不好的情绪表达出来。

NO.5 有话总是憋在肚子里

小朋友说

在大家眼里,我是一个"闷葫芦",有什么话都憋在肚子里,从来不肯说出来。其实我也有表达的欲望,但有时想想觉得没有必要说,就不说了,有时担心自己的想法和别人不一样,怕别人会对我有看法,又担心说不清楚,遭到误解。所以,我不敢轻易表达自己,有些话能不说就不说。这个习惯要怎么改呢?

心理疏导

你没有勇气表明立场,有话不敢说,是因为太在乎别人的看法,以为不表态,别人就不会对你产生坏印象。可是你知道吗?任何事情你都不表态,不肯大方地和别人交流意见,大家会觉得你没立场,不坦诚,就会减少与你的沟通。平时和同龄的小伙伴多说说心里话,他们会觉得自己被信赖,不仅不会对你有不好的看法,反而会更加亲近你。

不良心理反应

> 我不知道别人怎么想,有些话说出来会不会惹人烦?

> 我的表达能力太差了,别人会错了意怎么办?

> 我习惯当闷葫芦了,不习惯和别人分享心事。

积极心理暗示

01
敞开心扉和人交流是一件愉悦的事情。

02
担心表达不好就多练,多学习,而不是就不说了。

03
很多话不说出来别人不知道我是怎样想的,沟通还是很重要的。

⭐ 行动指南

❶ 主动创造条件让自己说话

不爱说话，同时又有表达欲望，我们就需要主动创造条件来打破自己的心理障碍。比如，在学校里积极参加一些社团活动，在活动中结交有共同爱好的朋友，敞开心扉与大家交流自己的想法；或者主动申请在校园内担当一名小记者，在策划活动、采访同学和老师的过程中，打开话匣子，与人积极交流沟通，同时又可以通过文字来表达自己，这会是很好的锻炼，还可以让同学们通过你的工作来了解真实的你。

❷ 每天和爸爸、妈妈分享自己的生活

爸爸、妈妈是最疼爱你的人，也是在情感上和你最亲近的人。你不爱说话，可以尝试从与爸爸、妈妈自由交谈开始锻炼自己。比如，每天和爸爸、妈妈分享下自己的生活，谈谈自己一天在学校的经历和感受，这样不仅可以锻炼自己的表达能力，还会让自己敞开心扉，学会与人分享。

❸ 多与开朗外向的同学交朋友

习惯扮演闷葫芦的你，可能比较内向，不习惯主动和别人分享自己的想法。你可以尝试多和开朗外向的同学交朋友，会自然地感受到对方身上的快乐和活力，自己会潜移默化地受到影响。久而久之，你也会变得更加开朗和乐于分享，慢慢打开心扉，一点点去除表达方面的障碍。

心理学小课堂

要想和别人发展出亲密关系，必须适度地坦白心声，在心理学上，这个办法被称为"自我暴露定律"。自我暴露定律是指适度地和别人分享一些心里话和小秘密，让对方觉得你信任和重视他，以此拉近心与心之间的距离。

一个人能不能交到真朋友，不在于他是否能说会道，而在于他是否足够真诚，是不是愿意向朋友敞开心扉。对于密友和挚友，自我暴露是十分必要的；而对于普通朋友，可以偶尔暴露一点自己的真性情，但没必要暴露太多，因为交浅言深乃人际交往的大忌。自我暴露的程度，取决于你们交情的深浅，也取决于你对对方的信赖程度，一切要视情况而定。你的心里话最好说给最要好的朋友听，别逢人便吐露心声，也别把自己隐藏起来，恰到好处地表露自己的真性情是有益的。

勇气篇

NO.1

害怕参加集体活动

小朋友说

我有一点恐惧社交，比较害怕参加集体活动。上个礼拜，学校组织大家出去春游，同学们都很高兴，只有我深感不安。那天，同学们都三三两两地聚在一起，说说笑笑，只有我孤零零地走着，独自欣赏风景。我觉得自己是个多余的人，加入哪个小集体都不合适，站在人群里，比一个人时更孤独。本来是出来玩的，可一点玩的心情也没有，真扫兴。

心理疏导

你害怕参加集体活动，是因为没有掌握与人交往的技巧，一时无法融入集体，在集体活动中总是处于被忽略被冷落的地位，时间久了，自然不愿意参加集体活动了。这种情况是可以改变的，只要你有融入集体的决心，愿意掌握一些人际交往的技巧，以后慢慢适应集体活动，还是可以从中找到乐趣的。

不良心理反应

- 在人群中我总是不自在,还是一个人待着吧。
- 加入集体中,万一不被喜欢怎么办?
- 集体活动少我一个也不要紧,我就没必要参加了。

积极心理暗示

01 我是班级的一分子,也是集体中的一员,理应参加集体活动。

02 我只是暂时不适应人群,多参加一些活动,以后会适应的。

03 集体活动的意义在于全员参与,少了我,大家可能会感觉遗憾。

行动指南

❶ 认识到自己是集体中的一员

人是社会性的存在，不能脱离集体独自生存。我们都需要友邻、朋友，都渴望友谊、关爱和帮助，谁也不想孤零零地活在这个世界上。在集体的大家庭中，我们才能得到安全感和归属感，才能感觉到来自他人的温暖。因此，即便不擅长社交，我们也不能孤立自己，一定要想办法融入集体。

❷ 建立自己的朋友圈

在自己身边建立朋友圈，经常参加朋友圈举办的各类活动，如读书会、聚餐、球类运动等，慢慢学会融入集体。适应了朋友圈的集体生活，再尝试参加班级的集体活动或校园举办的各种活动，逐渐脱离孤僻封闭的状态。

❸ 从交第一个朋友开始

在集体活动中，可以尝试先与一个小伙伴交谈，从中慢慢掌握社交技巧，享受与人交流的快乐，再慢慢与更多人交流。你可以利用周末和节假日的时间，到游乐园、动物园等场所玩耍，多与人群接触，感受热闹的气氛，慢慢适应人群；或者参加一些户外活动，让自己以更加放松自然的状态面对人群。

心理学小课堂

　　心理学家认为,害怕参加集体活动,多半是回避型人格障碍导致的。回避型人格又称逃避人格,具有这种人格特质的人在社交方面,表现为严重的行为退缩,严重者会排斥一切社交活动。那么怎么克服此类心理障碍呢?最好的办法就是给自己布置一个为时六周的阶梯任务,在逐步完成阶梯任务时,慢慢完成交友计划。

　　第一个星期,可以尝试每天和某个同学闲聊五到十分钟。

　　第二个星期,把聊天时间延长为十五到二十分钟,并增加一个聊天对象。

　　第三个星期,与两位同学保持聊天时长,并时不时和他们小聚。

　　第四个星期,尝试与同学谈心,并增加交友数量。

　　第五个星期,在自己的社交范围内,参与集体活动。

　　第六个星期,广泛参与学校组织的集体活动。

　　你可以尝试一下,这样坚持六周,相信你的恐惧社交问题就能获得大大的改善。

NO.2

与人交往时，总是局促不安

小朋友说

我害怕与人交往。和别人谈话的时候，总是感觉不自在，觉得很拘束，有些放不开，动作僵硬不自然，说话也很没底气。同学知道我有这方面的问题，善意地给了我很多建议，也给了我不少鼓励。但我始终改变不了，无论和谁在一起，都局促不安，对社交越来越恐惧，该怎么办才好？

心理疏导

社交生活中表现得拘谨，是基于紧张的情绪，先不要责怪自己，要允许自己紧张，接纳自己自然的情绪。以后经过一定的行为训练，就可以逐渐消除社恐的症状。小朋友，不要对自己的表现太过介怀，尽量把心态放轻松，相信你的情况一定能得到改善。

不良心理反应

- 我表现得不够大方，别人一定看出来了，真是把脸丢尽了。
- 我害怕社交，也不喜欢社交，还是避免跟人接触吧。
- 我不够好，不喜欢受人关注。

积极心理暗示

01 我不必太在意别人的看法，自然地表达自己就好了。

02 我不擅长社交，但没必要躲人，多和人接触，适应了就好了。

03 大家都很和善，不会那么严苛地对待我的。

行动指南

❶ 关注谈话内容

过度关注自己,是社交时表现不自然的根本原因。当你把所有注意力都投放到自己的一言一行上时,就会夸大细节的错误,变得局促不安,不仅言语不自然,连手都不知道往何处安放,动作就会僵硬变形。把注意力转移到谈话内容上,减少对自己的关注,紧张感就没有那么强烈了,表现反而自然了。

❷ 表现自己最真实的一面

不去刻意地表现自己,不苛求自己的每个动作必须优雅,不要求自己每句话必须完全正确,试着不去猜想自己在别人心中的形象,把自己最真实、最放松的一面表现出来,让局促刻意的一面自然消失,别人反而会更加喜欢你。

❸ 深呼吸,告诉自己放松

如果与人交往时,克制不了自己的紧张情绪,可以在见人之前做一些放松训练。先深深吸一口气,再轻轻吐出,反复吸气呼气,让身体的每块肌肉在呼吸训练中放松下来,一边呼气吸气,一边在心中默念"放松,放松",把放松的感觉带到身体的每个部位,直到全身都放松下来。

心理学小课堂

　　心理学家认为，在社交生活中感到不舒服和不自在，是社交恐惧症引起的。社交恐惧症又叫社交焦虑障碍，"社恐"的人在社交场合常常无所适从，总是感到担忧和焦虑，害怕说错话，有时表现得窘迫不安。

　　它可能和个人性格有关，也可能和原生家庭及过往经历有关。客观因素是无法改变的，但人具有主观能动性，可以通过一些科学的方法矫正自己的认知和行为。

　　在社交生活中感到局促焦虑，可以尝试以下方法：

　　一、告诉自己，恐惧是可以消除的。交谈过程中，发现自己紧张局促，可以系统地做一些身心松弛的练习，通过深长而有节奏的呼吸缓解焦虑的心情。

　　二、通过大声朗读锻炼自己的胆量。

　　三、尝试参加熟人聚会，让自己逐渐适应社交场合。

NO.3
胆小腼腆，不知如何融入新环境

小朋友说

今年我转学了，面对陌生的学校、老师和同学，感觉无所适从。我的性格比较腼腆，在以前的学校就不怎么合群，进入新学校更不会处理同学关系了。开学一个礼拜了，我只和同桌说过几句话，和其他同学几乎没搭过话。看到班上的同学聊得热火朝天，只有我孤零零的，似乎没法融入，不知道该怎么办才好。

心理疏导

有些孩子因为特殊原因，会经历一些环境的变迁。适应能力强的孩子，很快就能融入新环境；胆小腼腆的孩子，往往不知所措，不知道该如何融入。暂时融入不了新环境，先不要着急，可以找个机会主动向同学介绍自己，让同学初步了解你，以后可在具体的学习生活中，主动制造机会，增加和同学相处的时间，彼此熟识了以后，自然就融入新学校新班级了。

不良心理反应

- 我是新来的，和谁都不熟，应该交不到朋友了。
- 我本来就不擅长社交，现在又要从头开始，不想努力了。
- 同学都不太理我，我还是默默保持低存在感吧。

积极心理暗示

01 刚进入一个新环境，难以融入是正常的，我不必过于忧虑。

02 既然来到新集体，我就该积极融入，相信大家会喜欢我的。

03 同学不怎么理我，是因为对我不熟悉，并不是排斥我。

行动指南

❶ 主动参与一项活动或一个游戏

小孩子之间的友谊是比较容易建立的，只要能友好地一块玩耍，就能从玩伴转化为朋友。刚刚来到新学校，你可能不知道如何和同学沟通。不要紧，先观察一下大家都爱玩什么，最喜欢从事哪项活动，主动加入他们的游戏或活动。无须太多言语，立刻和同学们一块玩，痛痛快快地玩几次，你们熟悉了，作为新成员的尴尬便自动消除了。

❷ 主动向别人寻求帮助

主动向别人寻求帮助，也是消除陌生感的有效方式。比如向同学请教一些学习或生活方面的问题，在一问一答的过程中，你们之间已经实现了交流互动。适当地寻求帮助可以让别人有被需要、被认可的感觉，因此对方也会对你产生好感。不过，还是要注意分寸，不要强人所难，或过于频繁地打扰别人。

❸ 助人为乐，与人为善

俗话说，帮助别人就是帮助自己。在力所能及的情况下，为同学提供帮助，与人为善，给同学留下热心、善良的好印象，不仅能换来同学的感谢和友爱，还能获得大家的喜爱。一旦被大多数同学认可和接纳，你就能自然地融入新环境了。

心理学小课堂

　　心理学家认为，儿童在性格成长期心理不成熟，性格和心理都会随着环境的改变而改变。因此，腼腆胆小的孩子转学，未必是件坏事。他们可能因为环境的变化，重新做出自我调整，甚至有可能主动改变行为模式。小朋友，你来到新学校上学，既是挑战，也是机遇。也许你觉得和新同学相处很难，现在面临的问题很多，但是只要克服了眼前的困难，你就能获得友谊，甚至极有可能改掉胆小害羞的毛病。

　　对于儿童来说，同龄人的友谊是不可替代的，爸爸、妈妈再爱你，也不能变成你最要好的玩伴。你因为性格原因，在以前的学校没有得到同龄人的友谊，现在环境变了，新同学并不知道你的性格弱点，不妨利用这次机会重新塑造自己。新同学接纳你了，你的校园生活也会因此变得精彩有趣。

人际篇

NO.1

被个别小朋友讨厌

小朋友说

我是班上年龄最小的学生，平时爱笑爱闹，和大家相处得都很融洽，同学们也很喜欢和照顾我。可是班里有个女生却莫名讨厌我。我搞不懂她怎么想的，我自认为身上没有让人反感的地方。她这么对我，我很难过，不知道该怎样做才能改变她的态度。

心理疏导

如果别人因为误会对你产生了不好的看法，你可以当面解释，澄清误会；如果别人没来由地讨厌你，就没有必要理会他了。俗话说"物以类聚，人以群分"，人和人是有差异的，不是所有人都可以成为朋友。与其把时间和精力放在讨厌自己的人身上，还不如去珍惜那些和你投缘的朋友。

不良心理反应

- 我希望所有人都喜欢我,哪怕有一个人讨厌我,我也接受不了。
- 有人讨厌我,说明我不够好。
- 我必须让讨厌我的人喜欢上我。

积极心理暗示

01 我不可能被所有人喜欢,只要大部分人喜欢我就行了。

02 个别人讨厌我,可能仅仅是因为和我不投缘,不必在意。

03 没来由讨厌我的人,我可以不予理会,没必要耿耿于怀。

行动指南

1 忽略个别讨厌自己的人

在这个世界上,一定有人喜欢你,也有人讨厌你,被所有人喜欢和接纳的人几乎是不存在的。毕竟每个人都有自己的偏好,你不可能符合所有人的期待和要求,无论你做得多好,都会有人看不惯你。不必因此而沮丧,只要忽略个别讨厌你的人便可。过好自己的生活,和欣赏你、认可你的人好好相处,不把宝贵的时间消耗在不值得的人身上,方能活出真正的自我。

2 不去讨好看不惯你的人

讨好型人格的人,总是抱有不切实际的想法,希望自己能令所有人满意,发现某个人对自己不满,便很难受,总忍不住要费尽心力讨好对方。其实看不惯你的人,即便你改头换面,他可能仍然不会接受你。为了这样的人失去自我,是非常不值得的。再者,你去讨好对你不友好的人,往往会招致更多不满,原本欣赏你的人也可能因此讨厌你。所以,要抛弃讨好的心理。

3 具体情况具体处理

怎么对待讨厌自己的人,要视情况而定。如果对方不是无缘无故地讨厌你,而是对你有误解,或者你确实做了伤害他的事,那么你需要消除误会,或者主动道歉,并与对方和好;而对于无缘无故排斥你、讨厌你的人,你可以选择置之不理。

心理学小课堂

　　心理学上有个概念叫"条件自尊",它指的是建立在他人的肯定和尊重基础上的自尊,即当身边人高度认同自己时,自尊才能得到充分满足,当别人不再肯定自己时,便会丧失价值感。被个别人讨厌,心里感到难受,是因为条件自尊在起作用。如果你没有建立无条件自尊,就会把自我价值感的钥匙放到别人手上,哪怕世上只有一个人讨厌你,你也会倍感受挫。当你的评价体系出现了问题,自尊心就会脆弱得不堪一击。

　　其实,每个人活着的意义,不是为了让所有人感到满意,让自己快乐和实现自己的价值才是最重要的。喜欢你的人,是因为你们的性格、气质等相互吸引;不喜欢你的人,可能无论你做出多少改变,他也不会喜欢你。与其为了讨厌自己的人而活,还不如勇敢做自己。勇敢做自己,反而能展现自身的魅力,让更多人喜欢你。

NO.2

感觉自己被欺负了

小朋友说

学校组织乒乓球比赛，我打了一个偏球，和我对打的同学没有接住，很不高兴，便用力把球击过来，狠狠地砸到了我的额头上。现场一片嘘声。我感觉自己被欺负了，哭着退出了比赛。比赛结束后，同学们议论纷纷，有的幸灾乐祸，有的替我打抱不平。我不知道该怎么办好，是应该忍受还是找老师评理？

心理疏导

你在学校受到欺负，十分令人同情。在这种情况下，不能忍气吞声，以免欺负你的同学变本加厉，也不能采用极端手段对抗，以免冲突升级。如果自己不知道该如何处理，最好告诉老师和家长，让他们帮你主持公道。受到欺负不代表你软弱可欺，不要责怪自己，而要向欺负你的人讨回公道，迫使对方认识错误，停止对你的欺凌。

不良心理反应

- 他不欺负别人，专门欺负我，说明我很懦弱。
- 保护自己需要大费周章，我就忍了吧。
- 人不犯我，我不犯人；人若犯我，加倍奉还。

积极心理暗示

01 欺负人是不对的，错的是欺凌我的同学，不是我。

02 面对欺凌，决不能懦弱忍受，要用正当的手段维护自己的权益。

03 以暴制暴不是解决问题的办法。

行动指南

1. 用行动坚决抵抗

被欺负的小朋友，大多内向软弱，遭到不公平的待遇，习惯忍气吞声，不敢反抗，也不敢告诉大人，这样就助长了霸凌者的气焰，导致自己再三受到欺凌。要想改变处境，必须坚决抵抗，感觉自己的权益受到侵犯，一定要据理力争，勇敢一些，不要退缩。如果自己处理不了，就要第一时间找家长倾诉沟通，请家长出面解决问题。

2. 学习跆拳道，增强体质

学习跆拳道，不是为了打架，而是为了增强体质，让自己变得更强壮。这样，别人看到你身强体壮，就不敢轻易欺负你了。跆拳道是一项实用性很强的技能，不仅能强身健体，还能用于保护自己。

3. 开阔眼界，多交朋友

通过阅读，提高自己的眼界，培养乐观积极的思维，以免因为受到欺辱产生不良情绪和偏激的想法。平时要坚持运动健身，提升自信，多交朋友，融入集体。

心理学小课堂

欺凌行为是指欺凌者对受害者反复侵犯和攻击的行为。心理学研究表明，欺凌的方式与性别有关，男孩倾向于对受害者进行身体攻击和语言攻击，女孩倾向于在人际关系上孤立受害者。也就是说，男孩会用谩骂和殴打的方式对待受害者，女孩则喜欢抱团孤立受害者。遭受欺凌的学生，非常容易出现心理问题，有的长期情绪低落，有的经常哭泣，注意力无法集中，学习成绩明显下滑，还有的出现睡眠障碍和缺乏食欲的问题，常常担惊受怕，非常抗拒集体生活。

作为受害者，千万不要因为胆怯或其他原因，长期忍受欺凌行为，也不要逼迫自己独自面对，如果你无法单独处理欺凌的问题，一定要向老师、家长求助，毕竟老师和家长是成年人，生活经验比你丰富，在大多数情况下，都可以为你提供有效的帮助。如果出现了严重的心理问题，应该找心理咨询师进行专业系统的治疗。

NO.3

和小伙伴闹别扭了，不知道该怎么办

小朋友说

美术课上，同桌向我借彩色铅笔，我二话不说便递给了他，谁知他画画太用力，把画笔弄断了好几根。我有些生气，他还回来的时候，我没好气地说："把笔削好再还给我。"他嫌我阴阳怪气，也生气了，不但没给我削铅笔，还把所有画笔一把扔在桌子上："爱要不要。"说完，就扭过头去不理我了。我俩互相赌气，已经好几天没有说过话了，该怎么办才好？

心理疏导

和小伙伴闹别扭不能生闷气不理人，应该把心里的话说出来，双方一起解决问题。朋友之间闹矛盾常常是因为一点小事，谈不上谁对谁错，没必要太过斤斤计较。对方没有主动和你说话可能是觉得不好意思，害怕尴尬，不一定是生你的气。这种情况下，你主动和好，主动打破僵局，你们的关系很快就能恢复正常了。

不良心理反应

他不理我,我也不理他,有什么了不起的!	我俩关系闹僵了,谁也不愿打破僵局,看来不可能和好了。	都是他的错,我一点过错也没有。

积极心理暗示

01
吵过架之后,他也许不好意思理我,我主动开口好了。

02
我们都不是小气的人,也许很快就能和好。

03
他有错,我也有错。

行动指南

❶ 以其他事为由寻找沟通的契机

和小伙伴有了矛盾，最好及时沟通，逃避不能解决问题。也许你不好意思主动打破僵局，你的小伙伴可能也面临着同样的局面，想要和好，却不知道该怎样开口。这时，你可以考虑以其他事情为由，主动找小伙伴说话，比如向他请教问题，或者邀请对方参加聚会等。对方看你的态度缓和了，就会顺水推舟和你言归于好。

❷ 口头或书面道歉

如果觉得自己错了，就主动向对方道歉，感觉道歉的话说不出口，就写在小纸条上，用书面的形式道歉。如果错在对方，要给他人一个道歉的机会，不能拒绝沟通。发现对方吞吞吐吐，似乎要主动修好，要马上给他台阶下，趁机说一些打圆场的话，从而恢复朋友关系。

❸ 主动让步，不去斤斤计较

不要把所有错误都归咎于别人，而要学会反思自身。可以试着从第三方角度审视问题，改变了看待问题的角度，你将意识到错误不完全在别人身上，自己也有很多不当之处。常言道："宰相肚里能撑船。"为一点小事和小伙伴赌气，是不值得的。有了争执，自己主动退一步，不去斤斤计较，对发生的事一笑而过，你们的关系也许很快就能破冰。

心理学小课堂

两个人闹别扭之后赌气不说话，谁也不理谁，这是一种常见的现象。无论是成年人还是儿童，发生争执时，都有可能采用沉默的方式应对。那么人们为什么会不约而同地启动这种心理机制呢？原因在于，沉默有一定的积极作用，适时沉默，可以调节交流的节奏，有助于沟通，有利于让自己摆脱窘境。但是因为消极反抗而选择沉默，则会造成误解，对社交产生不利影响。长期沉默是不健康的，它代表的是一种消极逃避的态度。朋友之间无论发生什么事情，都不能采用压抑沉默的方式解决，而应该积极沟通。任何时候，沟通都是消除隔阂的良药。

友谊篇

NO.1

性格慢热，不会结交新朋友

小朋友说

我比较慢热，不会主动结交新朋友。我唯一的朋友是在幼儿园认识的，进入小学之后她搬家转学了，我一个朋友也没有了。我曾经尝试着融入班级，但感觉好难，和同学玩不到一块，总是被人忽略。我有时心里难受，不知道找谁说。同学嫌我不冷不热，不愿意和我交朋友，即便暂时和我结伴，也没把我当朋友。我该怎么办？装作若无其事，还是假装自来熟？

心理疏导

慢热意味着不善交际，不爱主动接触人，在交友方面存在一定困难，在短时间内无法交到新朋友。然而这种性格也有一定的优势，例如观察力强，懂得体察别人的情绪，尊重他人的需要，考虑问题比较全面周到。要多多发挥自己的优势，相信你一定能交到朋友。不必假装自来熟，做自己就好，表现得真诚自然，更容易赢得他人的好感。

不良心理反应

- 我太慢热了，别人可能没有耐心慢慢了解我，我就一个人待着吧。
- 我很难主动打开话匣子，还是等待别人来和我交朋友吧。
- 既然交朋友这么难，我就假装不需要朋友吧。

积极心理暗示

01 我只是暂时没有交到朋友，不代表永远这样。

02 我虽然慢热，但是也有自己的优点，可以交到朋友。

03 我只要尝试多多打开自己的心扉就好了。

行动指南

① 接纳自己的个性，允许自己慢慢来

每个人都有自己的个性，慢热是个性中的一部分，客观来说，它是一个中性的特征，并不算缺点。这个特点对于交际有一定影响，但影响不会太深远。先不要否定自己，试着接纳自己，对自己多点耐心，允许自己慢慢来，慢慢建立社交圈。

② 通过共同的兴趣爱好结交朋友

相同的兴趣爱好可以迅速拉近人与人之间的距离，因为喜好相同，人们将有更多共同话题，愿意花费更多时间待在一起，共同营造温馨美好的回忆，成为好朋友的可能性就会很大。想想看，你都有哪些兴趣爱好，观察一下班上的同学，找到和自己趣味相投的学生，抽空和他们聊聊天，一起去做感兴趣的事情，也许你们很快就能成为好朋友。

③ 敞开自己的心扉

每个人都有自己的心理防线，可是要交朋友就必须敞开自己的心扉。也许你没办法马上敞开心扉，但也要试着与外界建立情感通道。不管有多少障碍，都要尝试着拥抱世界，别让自己太过孤单。只要有了良好的开端，你的真诚、耐心和细致体贴将成为你制胜的法宝，相信你一定会结交到欣赏你、喜爱你的朋友，友谊将给你带来更多温暖和爱。

心理学小课堂

　　慢热在心理学上被称为人格内倾。心理学家荣格把人格分为两类，一类是外倾型，一类是内倾型。前者比较关注外部世界，后者较为关注自己内部的主观世界。内倾型的人温和谨慎，性格比较孤僻，不太爱交际，除了少数密友外，对人比较冷淡，喜欢和大多数人保持距离。生活中，可能大多数人都喜欢外倾型的人，对内倾型的人好感度比较低，主要是因为后者不好接近，不好相处，需要耗费更多耐心和时间，才能赢得他们的信任。

　　如果你是一个天生慢热、天生内倾的人，或许在交友方面会遇到很多障碍，不过不要因此灰心，你也有自己的长处。或许你的朋友并不多，但你们是经过时间考验才结为朋友的，友谊必然更真挚、更深厚。所以，在交友方面，你可以扬长避短，用自己的全部精力结交几个挚友也不错。

NO.2

不想和小伙伴分享玩具

小朋友说

作为家里的独生子,我从小备受宠爱,习惯了独占所有好东西,从来没想过和其他人分享。可我看到别人有好玩的,就想占有。有一次同学到我家玩,他看上了我的小火车,想要拿着玩,我很不高兴,马上把小火车收了起来。我到同学家玩,看到变形金刚之后爱不释手,于是随便玩,玩完了又厚着脸皮向人家要。同学觉得我自私、小气、霸道,不想再和我做朋友了。我真的做错了吗?

心理疏导

独生子女没有兄弟姐妹,不知道分享的意义和快乐,这是成长环境造成的。喜欢占有别人的东西,霸道自私,很有可能是溺爱导致的。小朋友,你不愿意把好东西分享给别人,却想把别人的东西据为己有,这样做很不公平。不过这并不是你一个人的错,背后有很多错综复杂的原因。先不要太责怪自己,知错能改就是好孩子。

不良心理反应

- 我的东西是我的，别人不能动。别人的东西只要我喜欢，就能随意处置。
- 凡是我想要的东西，都必须得到。
- 自私怎么了？别的小朋友也很自私啊。

积极心理暗示

01 护着自己的东西，霸占别人的东西，是不对的。

02 做人不能太自私，要学会分享。

03 别的小朋友自私是别人的事，我不能因此理直气壮。

行动指南

1. 把最爱的东西收起来，分享其他物品

每个小朋友都有自己最喜欢的东西，把最喜爱的东西拿出来分享，一般来说，很难做到。这种情况下不要勉强自己，你可以把你最不想分享的东西存放起来。这样，小伙伴来你家做客时，便不能随意玩你的重要的东西了。和小伙伴玩一些你乐于分享的玩具，享受分享的乐趣，培养友谊，是一种比较稳妥的做法。

2. 和小伙伴交换玩具玩

不愿意把自己爱玩的玩具送给别人，是非常正常的心理。你要明白，可能别的小朋友也有同样的想法，所以不要强迫别人把喜欢的玩具送给你，不能乱玩乱碰或拿走别人钟爱的东西。如果你喜欢小伙伴的玩具，可以把自己的玩具拿出来，彼此交换，玩够了各自把东西还回去，这样大家都会很开心，不是很好吗？

3. 和小伙伴互赠礼物

如果你是一个霸道自私的小孩，在学校很有可能不受欢迎。那么怎么改掉自己的缺点呢？把好玩的全拿出来，让别的孩子随便玩吗？不是的。父母希望你学会分享，并不是要求你把自己的东西全部与人分享，而是希望你懂得适度分享。赠送给小伙伴礼物，也是一种分享，因为赠送礼物，意味着付出，愿意把有价值的东西送给别人，是摆脱自私心理的关键一步。

心理学小课堂

　　心理学家认为，孩子比较小的时候，都是以自我为中心的，完全没有分享的观念。到了一定年龄，对自己的物权就会比较敏感，对他人的物权却比较模糊。也就是说，自己的东西始终是自己的，把别人的东西也看成自己的。那么怎么改变观念呢？很简单，可以尝试着把自己的玩具借出去。借出去的东西仍然还是自己的，最后还会回到自己手上，这样的分享，不会给自己带来压力和不快，比较容易接受。

　　其实，选择自私地独占，还是快乐地分享，与道德水平无关。有些人乐于分享是因为他从分享中体验到的快乐，远远大过持有的快乐。比如一个苹果自己独享，快乐有限，和朋友分享，吃起来更甘甜。如果你能从分享中获得快乐和好处，便会爱上分享，不用别人说教，也会自觉与人分享了。

NO.3
最好的朋友和别人玩得很好

小朋友说

我和班上的一名女同学关系特别好，我俩天天形影不离，就像连体人一样，同学们都很羡慕我们。可是最近她和另外一个女生走得比较近，两人经常在一起说笑。不知为什么，我心里很难过，感觉好像遭到了背叛。我把她当成世上最好的朋友，可她却和别人交往密切，似乎没把我摆在最重要的位置，我心里很不是滋味。

心理疏导

小朋友，你最要好的朋友和别人发展出了亲密关系，你莫名感到失落，是一种较为正常的反应，因为在情感上，你和她的另外一个好朋友存在一定的竞争关系。不过，你最好的朋友也有结交别人的权利，除了你之外，她还要和其他同学交往，这是人之常情。你不能要求对方只交你一个朋友，也无权干涉对方的社交生活。

不良心理反应

- 我最看重的朋友只能和我好，不能和其他同学好。
- 我们俩是好朋友，不应该有第三个人介入我们的生活。
- 我不允许别人和我抢朋友。

积极心理暗示

01 他不能只有我一个朋友，他有权和其他人交往。

02 我们的友谊经得起考验，不会受到他人影响。

03 没人和我抢朋友，只不过我最好的朋友，同时也是别人的朋友罢了。

行动指南

1. 降低占有欲

看到最好的朋友和别人玩得好，觉得无法容忍，是占有欲在作祟。你应该适度降低自己的占有欲。每个人都是独立自由的，朋友有自己的社交圈子，不可能只有你一个好朋友。在任何一种关系中，人都没有控制和束缚另一个人的权利。友谊是建立在双方各自独立、相处轻松愉悦的基础上的。转变一下心态，你才能在一段关系中感受到更多快乐。

2. 结交更多朋友

你可以尝试打开自己的世界，结交更多新朋友。只有一个朋友的社交圈太窄了，稳定性也太差了，一旦有什么变化，你的社交生活将受到极大的影响。所以，适度扩大交际圈是十分必要的。只要你有了新朋友，注意力就不会过分集中在一个人身上，不管出现什么变动，你都能坦然面对和接受，不会为了一个人患得患失了。

3. 和朋友认真谈谈

如果你觉得最好的朋友自从结交了别人，已经忽略了你，你们之间的友谊已经受到了挑战，那么不妨和对方谈谈，把自己的心路历程全部告诉对方。假如朋友还在乎你，一定会想办法解决问题，以后会付出更多努力维系你们之间的感情。一般情况下，你的好朋友不会为了新朋友而放弃你，只要你们之间没有不可调和的矛盾，完全可以像以前那样和睦相处。

心理学小课堂

　　心理学家认为，亲密关系具有排他性，亲情、友情、爱情都具有排他性。情感上的排他性指的是渴望一个人独占某个人或一段感情。这种排他性在年龄比较小的儿童身上尤为常见，这是因为小孩子对他人依赖性强，渴望和好友在精神和情感上更亲近，不希望两人之间的友谊被任何人分割和破坏。你不愿意看到最好的朋友和其他人玩耍，就是排他性导致的。

　　那么遇到这种情况怎么处理才更妥当呢？最好的办法是让好友自己做出选择，不去干涉他的自由，他如果真的珍惜你们之间的友谊，就不会降低对你的关注，即便有了新朋友，仍然会和你保持密切的联系。他如果是一个大大咧咧的人，没有注意到你的情绪变化，那么最好把你的感受说给他听，他知道了你的顾虑，就会把更多时间和精力分给你。

NO.4 该怎样选择朋友才好呢

小朋友说

我是个转校生,刚刚进入新学校学习,想要多交几个朋友。妈妈给我制定了几条择友标准,叫我不要结交淘气、邋遢和咋咋呼呼的同学。我们班确实有这几类学生,但我对他们都不反感,觉得淘气的孩子活泼有趣,邋遢的孩子也有自己的优点,爱咋呼的孩子不小心眼,所以不想按照妈妈的标准选择朋友。那么我该结交什么类型的朋友呢?

心理疏导

俗话说"近朱者赤,近墨者黑",朋友对一个人的影响是很大的。父母希望为你选择良友,但他们的观念可能与你不相符。你可以适当听取家长的意见,但也要有自己的标准和想法。一般家长都希望自己的孩子结交文雅礼貌、品学兼优的朋友,然而孩子的世界与成年人明显不同。或许你更喜欢有活力的孩子,对循规蹈矩的小朋友不那么感兴趣,那么不妨按照自己的心意结交朋友,只要他们身上没有不良习气,就不会对你产生不利影响。

不良心理反应

- 我不想按照任何标准选朋友，和谁相处都一样。
- 不必浪费脑细胞选朋友，干脆让别人选我得了。
- 朋友越多越好，交错了朋友也不要紧。

积极心理暗示

01 朋友对我有或好或坏的影响，我必须慎重选择。

02 交友是一个双向选择的过程，我不能太被动。

03 我应该擦亮眼睛，尽可能结交良友，远离损友。

行动指南

❶ 结交志同道合的朋友

选择志趣和想法相一致的小朋友做朋友，相处起来往往更愉快、更融洽。一般情况下，不同性格、不同秉性的孩子之间做朋友，需要经过很长时间的磨合，才能彼此相容；即便成了朋友，也会有很多的分歧和矛盾。志同道合的朋友在一起，不需要费尽心力去磨合，双方有很多共通之处，彼此吸引，在一起学习玩耍也比较舒服。

❷ 提高分辨力，远离不良朋友

交友时不要给自己设定太多条条框框，各种类型的同学都可以尝试结交，但品行不端的同学一定要远离。撒谎成性、喜欢打架斗殴、有偷窃行为的同学，千万不要结交。因为和这些品性不良的同龄人在一起，自己也会受到影响。结交的朋友可以有这样或那样的缺点，但必须诚实、友善，不能有任何不良习气。

❸ 结交对自己有积极影响的朋友

如果你性格内向，就多结交外向型朋友，外向的朋友势必会对你的性格塑造产生积极影响。接触久了，你的性格也会变得开朗起来。如果你天生胆小，可以结交胆大的朋友，平时和胆大的朋友一块玩过山车，一起滑冰。假以时日，你也会变得勇敢起来。

心理学小课堂

　　心理学研究发现，3~5岁的儿童对友谊的理解较浅显，能够玩在一起的都能成为好朋友；6~9岁的儿童处在单向帮助阶段，能力较强的小朋友会主动帮助自己的好友；9~12岁的儿童处在双向帮助的阶段，朋友之间彼此欣赏、包容，互相帮助，已经发展出了较为牢固的友谊；12岁以上的孩子，有了自我意识和独立意识，朋友之间形成了亲密稳定的关系，但友谊并不影响自己的独立性。

　　无论儿童处在哪个阶段，友谊都是不可或缺的东西，它能满足儿童对爱和归属的需要，对儿童的性格养成起着非常重要的作用。成年之前，孩子结交几个好朋友，可能受益一生；不小心结交了不良朋友，很有可能会付出沉重的代价。作为小学生，择友要谨慎，千万不要让自己受到不良朋友的影响。

游戏篇

NO.1

想加入游戏怕被拒绝，不敢上前

小朋友说

下课铃声响了，同学们像出巢的小鸟一样飞出了教室。他们飞奔到了操场上，玩起了各式各样的游戏。有的玩跳房子，有的玩老鹰捉小鸡，有的踢毽子，有的玩跳绳。大家玩得热火朝天，操场上可热闹了。我也想加入他们，可是害怕被拒绝，只能呆呆地站在一边看别人玩，心里别提多难受了。我该怎么办才好呢？

心理疏导

小朋友，你有这样的顾虑很正常。同学都有了固定的玩伴，形成了自己的小团体，你作为一个新成员，贸然走过去，很有可能不被接纳。不过先别害怕，主动走过去，看看哪个小团体缺人，假如你受到邀请，就大大方方地加入；没人邀请你参加游戏，就先在一旁观察，等到你和大家熟悉了，小朋友们也习惯了你的存在，再加入也不迟。

不良心理反应

> 我想过去玩,但不敢上前,被拒绝了多丢脸啊。

> 他们可能不想和我一起玩,我还是别过去了。

> 还是不要打扰别人了,我自己一个人待着吧。

积极心理暗示

01
不用害怕,同学们也许愿意让我加入呢。

02
他们没说不想和我一起玩,我应该试一试。

03
上前问问又不会有什么损失,有什么好犯难的。

行动指南

1 主动搭讪，吸引小伙伴注意

在学校，大多数学生都有自己的社交圈，习惯和熟悉的小伙伴玩耍，要是有新成员请求加入，他们可能会比较排斥。你想要加入游戏，首先要引起小伙伴的注意，大家玩得正开心的时候，不妨走过去问问："你们在玩什么呢？""这个游戏好玩吗？是怎么玩的？"同学为了回答你的问题，一定会边玩边示范，你可以在学习游戏规则的过程中，自然而然地加入其中。

2 耐心观察，及时提供帮助

先观察同学在玩什么，是否缺人，需要得到哪些帮助。比如同学在踢球，把球踢得很远，你可以帮忙捡球；同学玩踢毽子，把毽子踢飞了，你可以帮忙把毽子捡回来；同学玩跳房子，画格子之前，你可以先给他们递粉笔。这样大家觉得你热情和善，乐于助人，很快就会接受你的。

3 分析自己的处境

同学不缺玩伴，人数刚刚好，你想要加入，被拒绝的可能性会比较大；同学对你感到生疏，和你没有太多交流，你唐突地提出想要和他们一起玩，被拒绝的概率也很高。想要加入某个小团体，必须掌握一些社交技巧，遇到各种情况要灵活处理。当你被需要被接纳的时候，就可以自然加入了。

心理学小课堂

　　心理学家认为，儿童的社交规则和成年人完全不同。成年人想要加入某个团体，不管大家是否愿意，碍于情面，都不会出言拒绝。儿童则比较直接，一般不会做出虚假的回应，如果不想让新成员加入，往往会直接回绝。所以，当一个小朋友特别直接地问"我能和你们一起玩吗"的时候，其他小朋友很有可能会直接说："不可以。"

　　小团体不需要外援的情况下，通常不太喜欢增加人数。也就是说，儿童组成的小团体具有一定的排外性，新成员想要加入并没有那么容易。那么怎么办才好呢？可以先看别人玩，先以旁观者的身份提出各种话题，和其他小朋友有了更多互动和交流之后，再提出加入游戏的请求。这样处理，被直接拒绝的概率就会大大降低。

NO.2

玩闹中，不小心伤到了其他小朋友

小朋友说

课间和同学打羽毛球，我没掌握好方向，羽毛球嗖的一下飞了出去，砸到了同学的太阳穴。同学捂着太阳穴，好像很痛苦的样子。我连忙跑过去询问，发现她的受伤部位有点青肿。我想陪她去医务室，她拒绝了。这两天我一直忐忑不安，向那位同学询问伤情，她只说感觉没有大碍，可我还是放心不下，该怎么办才好呢？

心理疏导

你的同学受伤部位只是有点青肿，应该无大碍，可在48小时之后做热敷处理。用热毛巾敷在青肿处，可加速血液循环，有利于皮肤组织的恢复。做过简单处理之后，告诉她要多喝水，注意休息，多吃些水果蔬菜，保持心情愉快，相信再过几天，肿痛的症状就会消失。你不必太过担心。不过如果发现伤情没有减轻，一定要劝说她到医务室或医院进行相关治疗。

不良心理反应

- 我伤害了同学，以后没脸再和他玩了。
- 他心里肯定很生气，也许再也不想理我了。
- 都是我的错，我恨死自己了。

积极心理暗示

01 我不是故意伤害同学的，他应该不至于和我绝交。

02 他心里怎么想我不知道，不过我会对自己的过失负责的。

03 责怪自己没有用，我会吸取教训，以后做游戏时要加倍小心。

行动指南

❶ 小伤可道歉解决

在校玩耍，不小心伤到同学是常有的事情。如果只是小伤，只要真诚地道歉，一般情况下，同学会谅解的。有时候两人发生冲撞，或者偶有肢体摩擦，可能双方都有一定的责任，道歉时不要强调对方的过失，而要主动揽责，强调自己的不当之处。因为毕竟受伤的是对方，这样道歉才更真诚，也更容易得到对方的原谅。

❷ 伤情严重，要让家长出面解决

如果同学伤情严重，已经到了进医院治疗的地步，最好请家长出面解决。因为此类情况，肯定涉及赔偿事宜。一般而言，你的家长要支付全部的诊疗费用，双方家长另有协商的除外。由于学校没有起到监督管理的作用，未能尽到保护学生安全的义务，也要承担一定的责任。

❸ 吸取教训，避免类似的事情发生

同学受伤虽然是意外，但仍要引以为戒。以后在做游戏或进行体育活动时，要格外注意。打球时要注意力度和出球的角度，不要猛烈拍击，高度要适宜，免得砸伤同学的面部或身体。任何时候，都不能在教室里追逐打闹，以免撞到尖锐的桌角上。开玩笑打闹时，不能用尖锐的笔尖或圆规对着同学比画。总之，在玩耍过程中，要采取一些必要的保护措施，以免误伤同学。

心理学小课堂

　　心理学家认为，儿童培养责任心，主动为自己的行为负责，对于日后的成长起着至关重要的作用。儿童年龄小，在法律层面上，属于无民事行为能力人，很多事情都需要由监护人即家长承担。然而这并不意味着儿童可以没有责任心，做任何事情都不必负责。

　　也许有人认为，儿童心智不成熟，不可能拥有社会责任感。然而心理学家认为，即便年龄较小的儿童也有社会责任意识，他们有的被培养出了环保观念，致力于废物回收，有的关心生活困难的群体，表现得非常具有社会责任感。由此可见，儿童和成年人一样，也具备责任心。在学校玩耍时，发生了磕碰事件，一般情况下，可由大人出面解决；可是作为当事人，你不应该袖手旁观，要对自己的过失负责到底，最好主动赔礼道歉，承担自己的过失。

NO.3

做游戏反应慢，小朋友不想和我一组

小朋友说

我感觉自己比同龄人笨，无论做什么都比别人慢半拍。课间做游戏时，同学都不爱跟我一组，生怕被我拖后腿，感觉自己像只皮球一样被人踢来踢去，像包袱一样被甩来甩去。大家都把我当负担，不想让我加入他们的组，好像我加入哪组，哪组就要倒大霉。我很难过，但没办法抗议，谁让我自己不争气呢。唉，这种日子什么时候到头呢？

心理疏导

课间游戏的意义在于放松娱乐，输赢并没有那么重要，同学觉得你拖后腿，不想和你一伙，明显违背了娱乐精神。别人的想法你没法改变，只能调整自己的状态和心态。首先，你不要为游戏中的表现感到灰心，游戏只是游戏，并不是专业比赛和竞技，即便力不从心，表现得不好也没什么。其次，你要想办法改变自己的劣势，争取让小伙伴接受你。

不良心理反应

我太笨了，不怪别人不想和我一组。

既然我这么不受欢迎，我干脆不玩了。

我干什么都慢，连做游戏都被嫌弃，真是太失败了。

积极心理暗示

01
我只是不擅长做游戏而已，大家嫌弃我，我不能嫌弃自己。

02
同学虽然不愿和我一组，但仍然允许我一块玩，我不必退出。

03
我只是反应慢一点而已，我还有其他优势。

> 行动指南

❶ 参加不分组的游戏

在分组游戏中,你作为群体中的一员,表现好坏直接影响整个团体。小组成员不想被拖累,也可以理解。针对这种情况,你可以尝试着加入不分组的游戏,你只代表自己,不影响任何一个小集体的成绩,这样就不会受到排斥了。其实,不分组的游戏种类非常多,你的选择范围也很宽泛,课间活动时,仔细观察一下,你很快就能找到适合自己的游戏伙伴。

❷ 寻找擅长的游戏,发挥自己的优势

一般情况下,反应快的孩子容易在游戏中胜出。但也有少数游戏更适合反应慢的孩子,比如木头人游戏。游戏规则是:几个孩子围在一起,喊完"我们都是木头人,不许说话不许动"的口号,立刻摆姿势,摆完姿势要像被钉住的木头人一样,保持一动不动的状态,谁先动谁就输了。在类似的游戏中你就可以尽情发挥自己的优势。

❸ 选择一对一的游戏

参与一对一的游戏,你很有可能成为同学争抢的对象。因为同学普遍认为你反应慢,跟你较量,自己会轻轻松松成为赢家。你可以利用别人的这个心理,主动加入一对一的游戏中。需要注意的是,不要太看重游戏的结果,玩游戏只是为了开心,输赢不太重要。

心理学小课堂

大多数人都认为反应快的人智商高,反应慢的人智商低,所以反应慢的小朋友总是被看低。然而,心理学家却认为,有时候反应慢才是高智商的表现。

一般来说,信息处理的过程是这样的:信息先由神经传输给大脑,大脑经过加工处理,做出判断,再传导给运动器官。当人体对某种刺激有了经验,神经直接把信息传递给脊髓,脊髓就可以把相关信息传导给运动器官,根本不需要大脑费力参与。有的人动作迅速,是因为积累了处理信息的经验,反射弧较短。而有的人反射弧较长,无论遇到什么情况,都必须运用大脑思考和计算,如此一来,反应时间就大大延长了,于是便给人留下了呆笨的印象。如果你在做游戏时反应慢,千万别怀疑自己的智商。相信自己,放松地和小伙伴玩耍,让他们看到你憨厚可爱、自信爽朗的一面,他们以后就不会歧视你了。

NO.4

有人玩跳绳时耍赖，该不该制止

小朋友说

我们班有个同学玩游戏时爱耍赖。有一天我们玩跳绳，我当裁判。我发现那位同学又耍赖了，她明明只跳了20下，嘴里说出的数字却是30，明明已经跳落了，却装作若无其事，继续跳个不停。我想要制止她，又害怕她不承认，她平时脸皮很厚，做错了事不仅不认错，还会倒打一耙。这样的同学我惹不起，又看不惯，该怎么办才好呢？

心理疏导

同学玩游戏喜欢耍赖，是基于不认输的心态。她或许是在充满鼓励和关爱的环境中长大的，自视甚高，不允许自己输，为了赢，不惜耍赖破坏规则。这么做确实对其他小朋友不公平，你作为小裁判，有义务维持比赛公平公正进行，所以应该出言制止她。不过，和同学沟通时要注意方式方法，千万别伤了对方的自尊心。

不良心理反应

制止耍赖的同学一定会得罪人,我还是睁一只眼闭一只眼好了。

耍赖太可恶了,我应该当场揭穿她,让所有人都讨厌她。

太为难了,以后不当裁判了。

积极心理暗示

01 看到有人破坏游戏规则,我不能装作不知道。

02 她耍赖固然不对,我指出来让她认识到错误就行了,说话不能太伤人。

03 没什么好纠结的,有人破坏规则是大家的事,作为集体中的一员,我应该去管。

行动指南

❶ 履行裁判的职责

裁判是在比赛中维持秩序、执行规则的人。虽然游戏不似比赛那么严肃,但既然大家把这个任务交给了你,你就应该承担起这份责任。不能因为怕得罪人而不履行自己的职责,那样会辜负大家的信任,也是逃避责任、不勇敢的表现。

❷ 及时制止耍赖行为

发现有人耍赖,要在第一时间制止,不能拖延。如果不及时制止,那位小朋友可能会更加肆无忌惮地破坏规则,也可能导致更多人犯规,使得最终比赛结果不公正。

❸ 温和地纠正对方

纠正犯规的同学,最好用温和的方式指出,态度不要太过严厉,以免让犯规的同学太难堪。可以通过重申游戏比赛规则的方式,让同学们认清规则的重要性,自觉遵守规则;还可以采用先抑后扬的方式,指出错误后,给予对方一定的鼓励。在不打击同学的自尊心的情况下,让对方虚心接受你的意见,是维护秩序的最佳办法。

心理学小课堂

儿童公然破坏游戏规则，原因有以下几种：游戏有一定难度，孩子尽了全力也不能过关；在比赛中一次又一次落败，丧失了玩游戏的乐趣，积极性受到打击；自尊心太强，接受不了比赛结果；太过好胜，不允许自己输。

发现同学在游戏过程中耍赖，别太生气，也不要严厉斥责对方。同学犯规固然有错，但他们犯错，各有原因，要试着理解他们，然后再矫正他们的行为。害怕惹麻烦，不敢制止犯规的同学，这样做也是不对的。你没有勇气去维护比赛的公平，关键时刻表现得胆怯，就不是一个合格的裁判，不仅影响比赛，别的小朋友也会对你产生不好的看法。你如果敢于挺身而出，敢于维护比赛的公平性，让游戏顺利进行，不仅履行了自己的职责，锻炼了胆气，还能赢得大家的尊重和喜爱。